Sophie Strohmeier

Erzähltheoretische Untersuchung der Fallgeschichte „Anna O." aus „Studien zur Hysterie" von Josef Breuer und Sigmund Freud

GRIN Verlag

Bibliografische Information der Deutschen Nationalbibliothek:

Die Deutsche Bibliothek verzeichnet diese Publikation in der Deutschen National-
bibliografie; detaillierte bibliografische Daten sind im Internet über http://dnb.d-
nb.de/ abrufbar.

Impressum:

Copyright © 2012 GRIN Verlag GmbH
Druck und Bindung: Books on Demand GmbH, Norderstedt Germany
ISBN: 978-3-656-87885-8

Dieses Buch bei GRIN:

http://www.grin.com/de/e-book/287843/erzaehltheoretische-untersuchung-der-
fallgeschichte-anna-o-aus-studien

GRIN - Your knowledge has value

Der GRIN Verlag publiziert seit 1998 wissenschaftliche Arbeiten von Studenten, Hochschullehrern und anderen Akademikern als eBook und gedrucktes Buch. Die Verlagswebsite www.grin.com ist die ideale Plattform zur Veröffentlichung von Hausarbeiten, Abschlussarbeiten, wissenschaftlichen Aufsätzen, Dissertationen und Fachbüchern.

Besuchen Sie uns im Internet:

http://www.grin.com/

http://www.facebook.com/grincom

http://www.twitter.com/grin_com

Ludwig-Maximilians-Universität München   10.07.2012

Institut für Deutsche Philologie

PS: Freud als Erzähler

Thesenpapier von Sophie Strohmeier

SoSe 2012

Erzähltheoretische Untersuchung der Fallgeschichte „Anna O."

aus „Studien zur Hysterie"

von Josef Breuer und Sigmund Freud

Die Fallgeschichte „Anna O." erschien 1895 im Gemeinschaftswerk „Studien über Hysterie" von Josef Breuer und Sigmund Freud. Breuer hatte Bertha Pappenheimer alias Anna O. von Juli 1880 bis zum Juni 1882 behandelt. Die Krankengeschichte gilt als Grundsteinlegung für die Psychoanalyse. Der Text gliedert sich in sechs Teile. Der Erste ist eine Art Einleitung, der Anna O als Hauptfigur gewissermaßen einführt[1]. Die nächsten vier Teile hat Breuer selbst vorgezeichnet[2]. Wie er jedoch selbst schreibt, hält er die Reihenfolge der Gliederung nicht ganz ein, er hat sie auch für den Krankheitsnicht für den Textverlauf geschrieben, sodass man den Teil A[3] zwischen Teil B und Teil C einordnen müsste. Außerdem sind Breuers Gliederung noch einige ergänzende Punkte hinzuzufügen: Im zweiten Teil wird außer Anna O.s Zustand bei Beginn der Behandlung und ihren ersten Symptomen die anfängliche Behandlung ihres Zustands durch Erzählen der Phantasien angedeutet[4]. Daraufhin wird im dritten Teil, während Anna Os Behandlung auf dem Land und ihrer Rückkehr in die Stadt, vor allem die Besserung ihres Zustands durch die *Talking Cure* beschrieben. Im letzten Teil des von Breuer gegliederten Krankheitsverlaufs erläutert er detailliert das Verschwinden der Symptome durch Erzählen des traumatischen Ereignisses.

So, wie man den ersten Teil als Einleitung auffassen kann, ist der der sechste Teil eine Art Schluss, in dem Breuer die theoretischen Einzelheiten des Falls noch einmal zusammenfasst, Schlussfolgerungen zieht, sogar persönlich Stellung bezieht und Vermutungen anstellt.

Bei der genaueren Formanalyse der Fallgeschichte fällt zunächst die Zeitordnung auf. Nach Breuers selbsteingeführter Gliederung sollte die Zeitordnung durchgehend chronologisch sein, es häufen sich jedoch Analepsen und Prolepsen. Analepsen baut Breuer beispielsweise bei der Entstehung von Anna O.s Trauma[5] oder überhaupt bei Ereignissen, die vor der Zeit der Behandlung von Breuer geschahen[6] ein. Das Vorgreifen Breuers, dass Anna O.s Tagträume Voraussetzung für die späteren Halluzinationen sind[7], sowie häufige Verweise auf spätere Stellen im Text[8] sind Beispiele für Prolepsen.

---

[1] Breuer Josef und Freud Sigmund: Studien über Hysterie. Frankfurt am Main: Fischer Taschenbuch Verlag GmbH 1991, S.42
[2] Ebd., S.43
[3] Ebd., S.58 f.
[4] Ebd., S.48
[5] Ebd., S.60- 66
[6] Ebd., S.58
[7] Ebd., S.43
[8] Ebd., S.43, S49

Der Unterschied zwischen erzählter Zeit, die sich bei den meisten Krankengeschichten über Monate erstreckt und hier sogar über Jahre, und Erzählzeit ist typisch für alle Texte in „Studien über Hysterie". Die Erzählzeit beträgt bei „Anna O." aufgrund häufiger Raffungen ungefähr eine Stunde. Die meisten dieser Raffungen sind die Zusammenfassung der Verbesserung oder Verschlechterung des Zustands von Anna O. Beispielsweise die Verschlechterung ihrer Symptome nach dem Tod des Vaters im April 1881 bis zu der Verlegung in das Landhaus einige Monate darauf[9]. Dennoch gibt es einige Zeitdeckungen, einerseits natürlich bei Annas O.s Schilderung von traumatischen Erlebnissen[10], andererseits auch bei Breuers theoretischen Überlegungen, die er nach Abschluss der Krankengeschichte noch hinzufügt[11].

Vor allem diese Schlussfolgerungen und eigenen Gedanken Breuers werfen die Frage nach der Distanz auf. Es gibt kaum Dialoge und überhaupt wenig Rede, egal ob direkt oder indirekt. Breuer rückt also als Erzähler sehr in den Vordergrund, eben auch bei der Mitteilung seiner Schlussfolgerungen und Gedanken am Schluss, bei denen er entweder in der ersten Person schreibt, die unpersönliche dritte Person Singular verwendet oder den Leser durch ein „wir" miteinbezieht, als Erzähler also immer präsent bleibt. Der Text ist eindeutig narrativ mittelbar, wie man es vom Bericht eines Arztes über eine Kranke erwartet.

Bei der Fokalisierung wird zum ersten Mal Breuers Doppelrolle als Erzähler und Figur deutlich. Der Text ist null-fokalisiert, da Breuer die Informationen, die der Leser über den Krankheitsverlauf und seine eigenen Gedanken bekommt reguliert. Teilweise hat Breuer typische Merkmale für eine null- fokalisierte Erzählung eingebaut, beispielsweise Anna O.s Charakterisierung und Beschreibung ihrer Empfindungen[12], die sich liest wie eine Exposition, obwohl Breuer ja bei dieser faktualen Geschichte nicht mehr über seine Patientin wissen kann, als diese selbst. Eben dadurch, dass Breuer in diesem Text eine Figur ist hat man auch oft das Gefühl, man liest seine Mitsicht der Ereignisse. Die oft nicht chronologische, sondern eben nach Breuers Erleben geordnete, Reihenfolge der Handlung und seine persönliche Stellungnahme zur Wahrhaftigkeit der Hysterikerinnen[13] erwecken ebenfalls den Eindruck einer Mitsicht.

Auch bei der Stellung Breuers als Erzähler zur Handlung wird klar, dass seine Position nicht so eindeutig ist. Auf den ersten Blick, und auch schon allein wegen seine Rolle als

---

[9] Ebd., S.46- 48
[10] Ebd., S.55, S.58
[11] Ebd., S.60- 65
[12] Ebd., S.42
[13] Ebd., S.63

Arzt in der Handlung, würde man sagen er ist ein heterodiegetischer Erzähler, der eine Außensicht auf die erzählten Ereignisse hat. Allerdings finden sich im Text auch immer wieder Kommentare Breuers die mit seiner Behandlung nichts zu tun haben, wie zum Beispiel die Aussage Anna O. sei asexuell[14]. Diese homodiegetische Stellung Breuers hängt sicher wieder damit zusammen, dass er nicht nur Erzähler, sondern auch Erlebender und Handelnder der Krankengeschichte ist, also eigentlich keine neutrale Außenposition einnehmen kann. Andererseits hat bestimmt auch die, mit Hilfe dieses Textes untermauerte Psychoanalyse etwas mit dieser geteilten Stellung des Erzählers zu tun. In den weiteren Krankengeschichten aus „Studien über Hysterie" baut Freud auch ein persönliches Verhältnis zur Patientin auf, was ja auch eine wichtige Voraussetzung für einen gelungenen Abschluss der Therapie bei der Psychoanalyse ist und bei einer so langen und persönlichen Behandlung unvermeidbar ist.

Nach Abschluss von Anna O.s Behandlung 1882 wird die Krankengeschichte erst 1895 veröffentlicht. Die Geschichte ist also eindeutig extradiegetisch, Breuer als Erzähler und Autor kennt und überblickt sie und schreibt sie nachträglich auf. Intradiegetisch wird der Text nur bei Erzählungen von Anna O.s traumatischen Erlebnissen, beispielsweise das Ereignis, das zur Aversion gegen Wasser führt[15] oder die Entstehung von Anna Os Psychose[15], die Breuer indirekt wiedergibt.

Obwohl die formale Struktur der Krankengeschichte „Anna O." analysiert ist, gibt es doch noch einige zu untersuchende inhaltliche und formale Besonderheiten im Text:

Die im Buch angesprochene Leserschaft scheint, den verwendeten Fachausdrücken für Anna Os Symptomen nach, eindeutig über das verlangte Fachwissen zu verfügen. Das Buch wurde also nicht zu Unterhaltungszwecken geschrieben. Trotzdem versucht Breuer eindeutig Spannung im Text aufzubauen, Anzeichen dafür sind die oben bereits erwähnten Pro- und Analepsen, sowie die persönlichen Kommentare Breuers, die die ganze Krankengeschichte schon fast fiktional wirken lassen. Außerdem fallen die, im ganzen Text vorkommenden kursiv gedruckten Wörter auf, die besonders wichtige Stellen im Text für den Leser markieren[16]. Es stellt sich also die Frage, warum eine Publikation für Fachleute unterhaltend und spannend sein muss, anstatt nur durch ihren Inhalt zu überzeugen. Eine einleuchtende Erklärung für diese Besonderheit des Textes könnte ein Vergleich mit den anderen Fallgeschichten in „Studien über Hysterie" sein. In allen wird Spannungsaufbau als Erzählstrategie verwendet, was wohl damit etwas zu

---

[14] Ebd., S.42
[15] Ebd., S.55
[16] Ebd., S.58

tun hat, dass sich die Psychoanalyse als Wissenschaft erst noch etablieren, also das Lesepublikum auch mithilfe formaler Gestaltung überzeugen, musste.

Eine andere Erzählstrategie Breuers hat wohl einen ähnlichen Grund: Bei der Aufzählung der Symptome fällt bereits dem Leser auf, dass Breuer einige Symptome aufführt, deren Herkunft bzw. Heilung dann aber verschweigt, wie bei Anna O.s Abneigung gegen Brot[17]. Schließlich weist er selbst mehrmals auf die Unvollständigkeit seiner Beschreibungen hin, er weiß zum Beispiel nicht mehr warum auch Anna O.s rechtes Bein gelähmt ist[18]. Nach Abschluss der Krankengeschichte, schreibt Breuer noch einmal explizit, dass seine Aufzeichnungen unvollständig sind[19] mit der Begründung, dass im Fall von Anna O. nicht das Gesamtbild, sondern die Einzelheiten wichtiger seien. Es ist jedoch merkwürdig, dass Breuer diese ganzen Erklärungen überhaupt braucht, da es ja viel einfacher wäre die Symptome und Traumata, die unvollständig aufgezeichnet wurden, erst gar nicht zu erwähnen. Da Breuer bei Anna O.s Behandlung von niemandem kontrolliert wurde und das Mädchen während der Behandlung meist eher unzurechnungsfähig war, wären diese Auslassungen wahrscheinlich gar nicht aufgefallen und Breuers Autorität und Kompetenz wäre gesichert. Diese Erzählstrategie kann jedoch auch als Vorwegnahme jeglicher Kritik gelesen werden. Schließlich wurde die Behandlung Anna O.s der Beginn des psychoanalytischen Verfahrens und die Psychoanalyse ist bis heute noch ein sehr kritisiertes Therapieverfahren. Breuer wollte also den möglichen Kritikern seiner Behandlung, durch Selbstkritik den Wind aus den Segeln nehmen.

Natürlich muss man auch bedenken das Breuer die Geschichte erst 5 Jahre nach der Niederschrift veröffentlichte und auch nur im Kontext mit den Schriften seines Kollegen Sigmund Freud. Die Psychoanalyse als Disziplin hat Freud ja erst nach der Behandlung Anna O.s eingeführt und deshalb wurde diese Fallgeschichte vielleicht nach Niederschrift der psychoanalytischen Denkweise „angepasst". Vergleicht man die anderen Geschichten in „Studien über Hysterie" mit der Behandlung Anna O.s, fallen allerdings doch einige Unterschiede auf. Breuer verzichtet beispielsweise völlig auf eine Deutung von Anna O.s Traumata, die für Freud so wichtig ist. Er beschränkt sich darauf Anna O.s Phantasien aufzuschreiben und ihre Entstehung herauszufinden. Im Gegensatz zu den Krankengeschichten in denen Freud behandelt, reicht das bloße Erzählen der

---

[17] Ebd., S.42, S.44, S.54, S.58, S.64
[18] Ebd., S.51
[19] Ebd., S.60, S.61

Geschichte um das Trauma zu heilen[20]. Mit der fehlenden Interpretation der Halluzinationen geht natürlich auch die fehlende sexuelle Sichtweise, die für Freuds psychoanalytische Therapie so entscheidend ist, einher. Man hat sogar das Gefühl dass Breuer absichtlich einer sexuellen Deutung ausweicht und das nicht nur weil er bei Anna O.s Behandlung noch nichts von dieser Theorie wusste. Obwohl er Anna O außergewöhnlich lange behandelte, also auch sehr gut gekannt haben muss, schweigt Breuer außerdem über die Verhältnisse von ihr zu anderen Familienmitgliedern. Dabei wäre ja vor allem das Verhältnis zum Vater, der ja Auslöser der Hysterie war, sehr interessant und hätte bei einer Behandlung durch Freud sicher eine Rolle gespielt. Explizit wird Breuer in der Bemerkung, dass Anna O auf ihn völlig asexuell wirke und Sexualität auch in ihrem Unterbewusstsein keine Rolle spiele[21]. Sie hat auf den ersten Blick nichts mit der Behandlung zu tun, ist in Bezug auf Freud aber als eine klare Absage gegen dessen Sexualtheorie zu verstehen. Ein weiterer wichtiger Therapiepunkt den Breuer übergeht ist die, bei Freuds Behandlungen sooft angewandte, Traumdeutung, da er Anna Os Träume nie erwähnt, sie also nicht für wichtig zu halten scheint.

Doch gerade dieses Spannungsfeld zwischen traditioneller Therapie und Sigmund Freuds bahnbrechenden neuen Theorien, in dem Josef Breuer die Mitschriften zu Anna Os Behandlung veröffentlicht, macht den Text auch heute noch so geeignet für eine sowohl erzähltheoretische, als auch inhaltliche Analyse.

---

[20] Ebd., S.60
[21] Ebd., S.42

Bibliographie

Breuer, Josef und Freud, Sigmund: Studien über Hysterie. Frankfurt am Main: Fischer Taschenbuch Verlag GmbH 1991